Henry Günther / Antje Wichtrey
SCHLAFLOS
im schattendickicht des mondes

© Henry Günther, Rostock/Bargeshagen 2008
Holzdrucke: Antje Wichtrey
Vertrieb: BS-Verlag-Rostock Angelika Bruhn
ISBN 978-3-86785-055-1

Henry Günther / Antje Wichtrey

Schlaflos
im schattendickicht des mondes

Gedichte und Bilder an die Liebe

Schlaflos

In der Balance träume ich alle Sinne.
Dein Atem, schlaflos, hält mich wach.

Im Garten

Frühling. Du
zwischen grünen Bäumen
blond leuchtet dein Haar.
Deine Augen ungeduldig.
Du singst, wenn du schreibst.
Die Erwartung trifft dich im Zimmer
Lichtmonate ersehnt
dunkel leuchtet dein Haar.
Mein naher Blick erreicht dich nicht
rot leuchtet dein Haar
in dieser Nacht.

Begegnung

Träume bleiben. Kindheit
getragen vom Wind. Dein Verlangen
geht auf fremden Wegen. Ein
Spiel von Farben leuchtet Dich aus.
Kleinen Kugeln tanzen
im Wind. Fliegen auch meine Träume
dahin, umhüllen sie uns, tragen
mich in die Lüfte. Wenn sie
fallen, tanze auch ich.

Du

Ich halte dich
in meinen Händen
ein Edelstein im Tageslicht.
Den Glanz deiner Schönheit
wird dir der taugeflochtene Morgen
schleifen. Ich lasse dich los
Du, Schöne, lauf dir entgegen
und bin schon wieder fort.

Berührung

Über angestaute Stunden
lautlos die Alleen.
Die Worte fließen.
Stille bleibt.
Dein leichter Gang
entschwindet sanft, nur vage
bleibt mir deine Nähe.
In der Balance träume ich
alle Sinne. Dein Atem
schlaflos, hält mich wach.

Sturm

So lass mich gehen, wie ich bin.
Deine Einsamkeit berührt auch mich.
Wenn ich Wind wär' – ich wär' den ganzen Tag Sturm
und wenn ich Sturm wär´ – ich wäre dein Verderben.
Ich will nicht, daß mich irgendetwas überwächst.
Ich muß, ich will gerettet werden.

DAS EIGENTLICHE

(Für Diego & Frida)

Deine Augen, im Spiel
mit dem Feuer. Dein Verlangen
spinnt ein Netz. Wir sind Gefangene
sagte ich, Nähe ist spürbar. Wege
aus dem Geflecht, darüber reden.
Freiheit, ein neues Glück. Dennoch träume
auch ich: Kastanien poltern am Weltrand.
In Briefen knistert die Spannung.
Bucheckern flüstern im Sprung.
Herbstwind durchdringt das Geflecht.
DEN SCHAL ZUM KINN – im Fallen
wie zu fürchten, reißen alle Fäden
im Netz.

VERLOREN

Laß die grauen Wolken
ohne mein Lächeln ziehen.

Laß die Schaumkronen der Wellen
sich in der Brandung brechen.
Das Meer wird ruhiger sein.

Laß mich am Strand verdursten
und laß mir mein flüchtiges Sein.
Am hellen Morgen, laß ich dich gehn.
So nah am Horizont bin ich grenzenlos.

Erdbeerernte

Die roten Früchte
wiegen das Land. Leer
bleibt das Feld und kraftlose
Blätter ruhen im Abendwind.
Dein wiegender Schritt
nimmt mich auf.

Jahresringe

Mir ist das alte Zimmer vertraut.
Du sitzt am Schreibtisch.
Er trägt die Jahresringe meiner Kaffeetasse.
Licht durchflutet den neuen Raum.
Die tanzenden Papierstapel
tragen die Farbe deiner Kleider.
Deine nackten Füße
streichen über den hellen Teppich.
Meine Hand berührt deine Schulter.
Im Spiegel durchflutet Rotwein
den hellen Raum.

Veränderung

Bleibt noch das gewohnte Zimmer.
Lebensspuren an der ausgebleichten Wand.

Bleibt noch dein handgeschriebener Brief
Der ferne Duft von Orleander und Meer.
Träume erwarten Kinderlachen.

Bleibt noch die Reise zu Rodin.
Hände – durchpulster Stein.
Dein Gesicht im Profil seines Gartens
das sich aus dem Schatten erhellt.

Bleibt noch das Gegenlicht im Fluß.

SPURLOS

Deine Worte hüllen mich ein.
Hemmungslos deine Umarmung.
Schwerelos dein Lächeln.
Ich treibe regungslos
im Fahrtwind der endlosen Straßen.
Überschaubar das Chaos im Zimmer.
Erinnerungslos der Alltag.
Spurlos bleiben
wie die Möwe im Wind.
Jeder Satz ist eingebrannt
im Gedächtnis der Nacht.

. . . in der Balance träume ich alle Sinne.
Deine Sehnsucht, grenzenlos, hält mich aus.

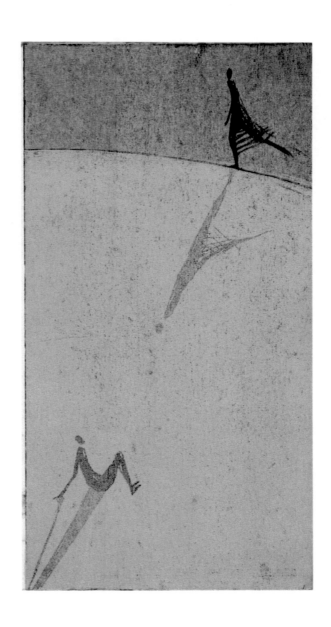

ID SCHATTENDICKICHT DES MONDES

wo meere sich treffen begegnen sich horizonte

ALTES WEISS

wo du bleibst am horizont in meiner nähe gerinnt der tag
im schattendickicht des mondes zu stummen wassern opheliens.
inselträume verharren in wellenbergen aus glänzendem eis und
dein kleid aus südlicher nacht verhüllt meine verborgenen träume.
der tag verschwimmt. in seinem antlitz tanzt buntes laub.
die antennen des herbstes tragen schlaflose lieder durch alle
nebel der tagschatten. ein anderes weiss schwimmt im erdenen
raum. wo meere sich treffen begegnen sich horizonte.

DER MORGEN

wache augenlieder treffen sich in der fremde des verborgenen
scheins. belauschen die sinne der ruhlosen alleen und tanzen
durch die verkommene nacht. die berührung deiner umarmung
durchdringt mein flüchtiges sein. in frühen nebelstunden
begrenzen scheinwerfer den schmalen grad der bewegung.
dein lachen verdrängt die endlichkeit der pulsierenden sinne.
im lichterschein ein rhythmus der endlosen ströme und
gerüche menschlicher begegnungen die ihre sehnsüchte in den
farben deiner bilder erkennen. ihre träume verlaufen sich in den
rauschenden hallen verstecken sich in den kasematten der stadt.
unter den türmen die in den himmel der macht ragen
tragen sie dich zu den endlosen flugbahnen und finden
wie die kraniche im keil ihren weg aus dem labyrinth.

BEWEGUNG

es kann sein das der morgen beginnt
und im taugeflochtenen nebel dein haar
die spurrillen deiner hölzer umwebt.
linien sind wege in die farben deiner bilder.
ihre gespannte bewegung erfüllt die fläche
des tragenden raumes. neu ist der horizont
nicht den du ersehnst nie erreichst. neu
ist der himmel nicht der deine träume trägt
in die begonnene nacht. ein anderes
leuchten tragen deine augen nicht
wenn sich deine hand in das geschliffene
holz gräbt – in deine farben der nacht.

WIEDERFINDEN

im ersten schnee. vielleicht
in der abenddämmerung. verhangen
vom mond und dunklem holunder
ertrinke ich im schweigen des wartens.
wasser und tränen überfluten
die lügen der gnadenlosen wahrheit.
auf dem cello spielen meine hungrigen
hände so laut und so schnell
bis mich der klang deiner farben
in den mondschatten bettet.

BLEIBEN

in deiner nähe
flügelt mich wind.
leer. des suchens müde
hebe ich unbedachtes auf. dich
treibt die zeit voran
und mich. für eine nacht nur
gewinnst du mein bleiben.
dann gehst du fort.
in deinem leichten gang
wiegt sich die fremde stille.

HIER

(an frankfurt/m.)

lebend und fremd
zwischen den türmen der nacht
spiegeln sich fensterbilder.
erwarten dich meine
willigen schritte die kennen
die schönsten verstecke.
windmelodien ziehen
durch die geschliffenen
gassen. hier singen
auch wir und finden uns
für den moment
des befangenen
schweigens.

TANZEN

über angestaute hügel
im klang der schritte
trinken deine augen bilder.
feuer verbrennt wenns keiner mehr
schürt. belanglose Tage verbrennen
auch mich. ich bin gewillt zu gehn
wenn reifer Mohn aufbricht.
blätter tragen worte. im tanzen
nehmen sie ihr schweigen auf.

OKTOBER

in den klängen der großstadt
lauschen die spielgefährten der kindheit
und flechten ihre vergangenen träume
in die tagesbelassenen farben
der immer gleichen fassaden ein.
langsam endet der tag
karge bäume am straßenrand
herbstlose blätter entfallen zu laub
legen sich auf deine schultern
und es geht der holunder
einer winterdämmerung zu.

VATER

im schlagschatten deiner verlorenen träume trägt
deine hoffnung die endlichkeit begangener tage.
die güte deiner augen durchdringt das lachen
der kinder und hüllt sie ein in deinen schlaf.

SCHLAFWACHE

wir halten

den spiegel der nacht

und enthüllen

die nie gesagten worte

im traum

erwacht mein atem

am morgen

lippen und augen

SPREEWALD

wasserwälder

nachten

in den roten augen

des mondes

uferlos

treiben wir

durch das labyrinth

der flüsse boden

los verfangen

im netz.

DUNKEL

zwischen den zeilen

deiner nichtgeschriebenen

briefe verlierst du

dich im dunkel

des ebenen holzes

suchen deine tag

träume den flüchtigen

moment

des berauschenden augen

scheins

SCHATTENBETT

die spurrillen im holz
der geschnittenen bilder
liegen im schattenbett
ihrer verborgenen träume. tief
lauschen an der schallmauer
des schweigens *mit dir*
unterwegs sein
reden bis zum horizont
der mich lässt
versteht
dem ich nichts erklären
muss am ende
werfen die schatten
ihr vertrauen in die grenzen
der nacht.

WIR

du, lass mich werden, wie ich bin —
dann bin ich, wie ich werden soll.

WEG

auch die engsten gassen führen uns
ins offene. so komm. es läuft die zeit
nach einem festgeschriebenen takt.
am tag gehorche ich dem schein
der treibt das dunkel meiner kalten tage
stumm verlaufen hin zu deinem bild.

ANKUNFT

der worte stumm. spurlos
die berührung im bunten weiss –
eine farbenbedeckte ebene.
schatten klänge tanzen zwischen
aschegewaltigen hügeln im strom
der linien. lichtschatten fliessen
jenseits der meridiane
und versteckt hinterm horizont
deine wache stimme klinkt
mir nach. so fern und nah.

AM MEER

möwen

flügeln das licht

aus den wellen

in deinem leichten gang wiegt sich die fremde stille

Inhalt

SCHLAFLOS
Im Garten
Begegnung
Du
Berührung
Sturm
Das Eigentliche
Verloren
Erdbeerernte
Jahresringe
Veränderung
Spurlos

IM SCHATTENDICKICHT DES MONDES
altes weiss
der morgen
bewegung
wiederfinden
bleiben
hier
tanzen
oktober
vater
schlafwache
spreewald
dunkel
schattenbett
wir
weg
ankunft
am meer

Anmerkungen:

Sturm, zum Tod von Jeniffer Nitsch

Schlaflos
11 Holzdrucke von Antje Wichtrey, Auflage 30 Exemplare

Schlaflos, unikates Malerbuch (Privatsammlung, Pforzheim)

im schattendickicht des mondes, unikates Malerbuch
(Die Deutsche Bibliothek, Deutsches Buch- und Schriftmuseum)

© www.edition-balance.de 2006